48
Lb 31.

A

CEUX DES FRANÇAIS

QUI ONT CONSERVÉ

LA BONNE FOI.

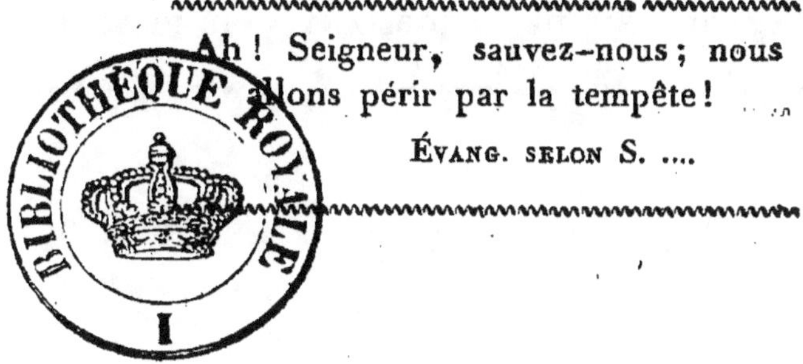

Ah ! Seigneur, sauvez-nous ; nous allons périr par la tempête !

ÉVANG. SELON S. ....

PAR UNE FRANÇAISE.

JUIN 1815.

IMPRIMERIE DE LE NORMANT, RUE DE SEINE, N°. 8.

A

CEUX DES FRANÇAIS

QUI ONT CONSERVÉ

LA BONNE FOI.

O MON DIEU, ayez pitié de nous ! Tournez vos regards vers le Peuple de saint Louis, voyez l'état de son Royaume, et jugez, punissez les criminels ; dessillez les yeux des égarés, confondez quiconque n'a pas le cœur pur du désir de la ruine de ses frères. Tous peuvent contempler s'il fut jamais un temps où votre parole sacrée fut plus vérifiée : « Le bon pasteur » donne sa vie pour ses brebis, le » mercenaire les abandonne à l'approche de celui qui vient les dérober ; il ne songe alors qu'à sauver sa » vie ! »

O mon Dieu ! vos fidèles crient sans cesse vers vous : Ayez pitié de nous !

LA honteuse patience des Français est-elle donc inépuisable ? et le dégoût de l'odieuse *farce* tragique que l'on joue sous leur nom, dans leur capitale naguère si florissante par le retour de son légitime pasteur, ne leur soulèvera-t-elle pas assez le cœur d'indignation, pour les tirer de cette torpeur avilissante causée par vingt-cinq années d'anarchie, de crimes, et d'humiliant despotisme?

Français, n'avez-vous pas des yeux pour voir, des oreilles pour entendre, et avant tout un cœur battant dans votre poitrine, pour l'honneur et la compassion? Soyez donc au moins, à défaut de sentimens plus élevés, jaloux de cette réputation de spirituels, que vous caressiez avec tant de complaisance. Réveillez-vous pour crier: Mensonges! mensonges à toutes les inepties, contradictions, faits controuvés dont chaque jour on tente d'empoisonner l'esprit des moins curieux d'entre vous!

Vous persuadera-t-on, comme on y a en partie réussi à l'égard de Murat, que des défaites sont des victoires? Cependant déjà la frayeur, communiquée par celle de leur empereur à ses vils adorateurs, se calme. On présente des calculs de troupes si absurdes, qu'un homme, à juste titre fait *pair* parmi des transfuges, se révolte contre ce que l'on annonce. On l'a bien dit pourtant, il fait autorité: il a vu la défaite totale; il a vu, en courant, dans sa fuite, la route jonchée de mourans, et son *maître* ne s'arrêter que pour ordonner que l'on s'armât dans tout le département de l'Aisne, afin d'arrêter les fuyards. Et les fuyards sont mutilés ! et leurs généraux n'ont pas une blessure !

Pourquoi, tout étant perdu au point de forcer le souverain de votre choix, vous qui adorez encore l'idole que vous faites semblant de renverser, pourquoi venez-vous aujourd'hui démentir votre épouvante d'hier ? Elles n'existent donc pas ces quatre autres armées que vous annonciez malgré cela triomphantes. La vérité perce en dépit des trompeurs ; c'est leur bouche même qui la dévoile. Hier c'étoit un général qui avoit tout culbuté dans sa marche jusqu'à Namur qu'il avoit pris ; et pour achever son pompeux récit, il déclare être heureusement de retour à Givet en France, sans avoir trop perdu ! A Lille, que le ministre de la police déclaroit il y a huit jours un foyer d'opposans à Napoléon, voilà les paysans armés d'instrumens tranchans (d'eustaches de bois sans doute) qui font reculer ceux-là mêmes dont les quatre cents bouches à feu ont détruit l'armée du Nord !

Pouvez-vous souffrir seulement que l'on vous distribue de pareilles sottises, Français, et que d'un autre côté on ne donne aucune suite à la demande très-fondée d'un pair qui veut que l'on mette en accusation l'homme qui a trompé les deux chambres? N'est-ce pas lui cependant qui faisoit tirer cent coups de canon de réjouissance, tandis que les alliés abîmoient l'armée sur laquelle se fondoit principalement l'espoir des succès ? Il y a deux jours, le même mi-nistre juroit qu'aucune troupe de ligne n'étoit mandée à Paris par son ordre, et ce matin on imprime dans des journaux dirigés par des hommes de la chose, que soixante mille soldats pourront être rassemblés à Paris ; on écrase de travaux ridicules de paisibles citoyens, pour achever des fortifications reconnues, avouées inutiles, dans l'instant où la peur a fait dire la vérité.

Français, si je ne sais quel amour du mal vous égare sur le présent, avez-vous aussi perdu tout souvenir du passé, ne savez-vous plus quelles lois militaires étoient en usage chez ses pères ?

Quoi ! presque sous les murs de la ville où vous vous targuez de posséder le centre des lumières, on vient de conduire sous le feu de la mitraille quarante mille hommes, élite des troupes de l'Europe ! Ces malheureux que leurs ennemis voudroient sauver, se perdent dans leur délire admirable, jusqu'au dernier ; et ils ne reçoivent pas une larme de regret des lâches chefs qui les ont poussé à cette action héroïque, bien digne d'une autre cause !

Vous voyez au contraire les nobles sans aïeux se disputer entr'eux sur le plus ou le moins d'hommes qu'ils ont mené à une boucherie certaine, dans l'espoir de retarder la perte des honneurs et des titres infâmes dont ils sont couverts par la faveur du tyran qui a dirigé leur fuite.

Où ces lâches se sont-ils allés cacher? Où? Sur leurs siéges, d'où ils décrètent leur bassesse, où ils la consignent dans des procès-verbaux ; là enfin où Napoléon espère que leurs intrigues, plus heureuses que leurs armes, pourront encore une fois le sauver, en ayant l'apparence de le perdre !

Etes-vous devenus fous, Français, où ne savez-vous pas que le maréchal Bertrand, le plus fidèle des satellites de Napoléon, témoin bénévole de la déroute de Mont-Saint-Jean, a dit : « Il y pleuvoit des boulets, du sang et de la » chair. » Et ces tigres n'ont pas même eu le courage de s'en repaître : ils ont fui ! Vous avez peur de gens qui fuient, et vous osez encore vous dire Français ! Vous les voyez, ils vivent, ils sont libres, se montrent comme pour insulter à votre misère. Mais la hyène ne rugit plus ; ses exécrables adorateurs ont fait semblant de lui faire abdiquer un pouvoir qu'ils savent bien être usurpé : quoi donc retient votre vengeance ?

Qui vous empêche aussi de mettre le bâillon de la mort dans la bouche des vils personnages qui, après s'être long-temps disputé l'honneur du message, vont enfin porter à l'être qu'ils ont élevé ou brisé selon leur volonté, l'hommage de la haute admiration dont ils sont pénétrés pour une abdication qu'ils ont exigée. Ils remercient d'un si grand sacrifice. Quand l'Europe en armes saura cet acte, dernier effort d'un héros, elle va déposer ses armes. O honte de souffrir de pareilles infamies ! et si elles ne portent pas avec elles le prix qu'elles valent; toute raison est vaine !

L'extravagance sublime de la malheureuse garde se conçoit par les âmes nobles et fidèles aux lois de l'honneur, attachées à mourir plutôt que de trahir leurs sermens ; mais comment qualifier celle des monstres qui se disent faussement les représentans de la nation, quand ils portent des actions de grâce à un tigre, parce qu'il daigne leur laisser prendre son prétendu droit de dévorer les enfans, les biens de tous les Français ? Est-ce se jouer assez, je ne dis pas de tout ce qui est juste, cela est évident, j'ajoute de tout ce qui est raisonnable ? J'accorde, ce qui n'est pas possible, que la vue des blessés qui encombrent les hôpitaux placés sur cent lieues de route, excite le courage des charitables passans qui ont relevé ces victimes sur les chemins où leurs chefs se sauvent en bonnes voitures : vous dira-t-on aussi que des agneaux arrachés du sein de leurs mères, résisteront mieux aux coups que des béliers aguerris ? Que ne vous diroit-on pas si le généreux Anglais, qui a offert trois fois de suspendre ses torrens de mitraille, se retiroit dans une ville, et demandoit des renforts en Angleterre ? de quel ridicule vos vils folliculaires ne tenteroient-ils pas de le charger ? Et dix généraux, plus leur *maître*, arrivent en poste, et osent vous dire :

A genoux ! quatre-vingt mille familles sont en deuil, parce que, traîtres à nos sermens, l'Europe accourt s'en venger. Tout ce que nous avons arraché par force à la nation, nous l'avons fait périr ; nous n'avons pas sauvé un canon, un fourgon. Armez vite à vos frais vos enfans, s'ils vous en reste encore, qu'ils marchent, et que leur mort prolonge notre vie ; qu'ils arrêtent les vainqueurs par leur mort : si de fouler aux pieds des cadavres peut arrêter la marche des alliés du Roi de France, vous le connoissez, il ne voudra jamais passer sur les corps de ses misérables sujets, quoiqu'ils n'ayent pas rebroussé chemin plutôt que de marcher contre lui.

Tout ce qui est honnête espère une punition terrestre pour de si lâches crimes ; mais c'est Dieu seul qui, dès cette vie, peut punir celui qui demande encore du sang. Voyez ce transfuge de ses sermens à son Roi, s'il a suivi son empereur, c'est parce qu'il fuyoit : ce déserteur a-t-il une blessure qui lui donne le droit de former ce vœu atroce, « que tous les Français mutilés ne se » guérissent que pour retourner à la bataille. »

Catilina étoit un homme de cœur, comparé à Labédoyère ; il mourut dans la mêlée ; il savoit parler au sénat ; mais toi, vil scélérat, tu ne sais que te cacher avec deux autres de tes pareils, sous le manteau dont s'enveloppe, en fuyant, le monstre que l'on décrète avoir été un héros.

L'imagination recule devant les supplices que ce démon du mal demande que l'on inflige à tous ceux qu'il *soupçonne* moins odieux que lui. On diroit qu'il décrit ce qu'il a mérité ; il ressemble à Oreste poursuivi par les Furies, qui s'accuse de ses crimes sans que personne les lui reproche. Oreste cependant étoit coupable involontairement; Labédoyère a choisi la trahison. Oui, sauf ta famille que la bonté du Roi console d'avoir enfanté un monstre comme toi, il faut t'accorder ta demande; l'Enfer te réclame.

Français, encore une fois, rappelez-vous vos amiraux, vos généraux d'autrefois; ils faisoient tous le serment de mourir les premiers ou les derniers : un conseil de guerre les auroit jugés dignes de dégradation et de mort, s'ils y eussent forfait; et pas un, depuis la monarchie de Charlemagne, n'a encouru cette peine infamante pour lâcheté. Cet exploit étoit réservé à vos braves officiers qui se sont tous plaints de ce que le Roi les laissoient inactifs.

Nul d'entre vous n'ignore que si Duguesclin, le Roi Jean, François Ier, l'honneur de la chevalerie, et tout-à-l'heure le duc d'Angoulême, ont été faits prisonniers, c'est parce que les braves, et surtout les Bourbons, ne sont jamais qu'en avant de ceux qui se dévouent au salut de la France. On n'est point entouré par le nombre, quand on se tient, une lunette d'approche à la main, loin du combat, assez près seulement pour ordonner quel corps doit être anéanti le premier. Mais quand le Grand-Condé jetoit son bâton de commandement dans les rangs ennemis, en courant le reprendre, il risquoit, certes, d'être fait prisonnier; et qui eût osé dans son armée le taxer de foiblesse, si ce malheur fût arrivé? L'on vous vante que les généraux français ne se laissent pas prendre vivans ; d'abord cela est faux, et ensuite, quel d'entr'eux oseroit se nommer, comme Bayard qui rendit une fois son épée, le Chevalier sans peur et sans reproche (1)?

Français, si vous avez des cœurs de bronze, si vous ne pleurez pas vos frères, vos amis égorgés sans motifs ; si vous ne les vengez pas, au moins ne laissez plus abuser les vivans !

Loin de moi l'idée de comparer la paix du Ciel aux tourmens de l'Enfer, ni la domination des régicides et de leurs adhérens à la paternelle et légitime puissance de LOUIS XVIII ! Leur différence est sensible à quiconque n'a pour règle de ses sentimens, que son intérêt personnel.

Hé bien, cet intérêt personnel n'indique-t-il pas à qui que ce soit, hors à ceux qui se sont vendus au tyran, ce qu'il attire sur sa tête?

On vous a enlevé la crainte de Dieu ; mais vous voyez dans les débats de vos soi-disant représentans combien la seule crainte des hommes peut troubler la tête. Feignent-ils en effet, ou ont-ils oublié à quelles conditions, à quelle marque de repentir les alliés viennent une seconde fois accorder la paix? L'oubli que vous faites, Français,

---

(1) Je n'ai voulu opposer aux braves que l'on a tant vantés dans les rangs de Bonaparte, que des héros ayant essuyé des revers : les autres sont hors de comparaison, et le nombre est trop grand. Nos princes aiment cependant que l'on confonde les noms de leurs moindres sujets ayant fait leur devoir avec leurs noms illustres.

de leur générosité encore si récente, n'est-elle pas la preuve que vous avez perdu le sens? Croit-on que les Souverains dont les armées vous cernent comme l'on fait un lazaret de pestiférés, ou une enceinte dans laquelle sont renfermées des bêtes féroces, vont faire taire leurs canons à la voix de gens sans aucune mission légale, qui viennent, avec une insolence stupide, offrir la paix à des conditions que rejeteroient avec mépris des vaincus? N'est-ce pas une chose bien sacrée que la promesse d'une fin de vie politique, déjà proclamée avec une tout autre solennité l'année dernière? Et quelle résurrection s'en est suivie, grand Dieu!

Il faudroit mourir de honte d'être né Français, s'ils avoient cette union affreuse d'opinion à laquelle on les invite; au moins on ne les en calomnie point, si on les engage à se lever depuis Dunkerque jusqu'à Bordeaux, on est sûr d'avance pour qui ces vrais Français jureront de mourir ou de vaincre; ont-ils envoyé un vote, un homme, ces bas-Normands qui, l'an passé encore, passoient par troupeaux dans Paris? Ont-ils été intimidés, les habitans de la Picardie, de l'Artois, quoiqu'ils fussent entourés par les corps de réserve de Napoléon? Non : la France est encore la patrie des âmes courageuses; mais cette nation si loyale a été comprimée : si on lui répète la vérité, assourdie par le mensonge, elle ne sait plus la distinguer.

Peut-on être témoin d'une jonglerie plus indigne d'une âme simplement honnête, que tous les gouvernans ou gouvernemens dont on nous accable : deux Empereurs ; car on les a déclarés indivisibles, encore bien que le fils soit à trois cents lieues du père ; deux chambres dont la première est entièrement formée par l'ordre de Napoléon ; une autre qui voudroit pouvoir l'anéantir, si une espèce de conscience ne leur rappeloit qu'eux aussi sont des hommes de Bonaparte, dont la nomination a été partout plus ou moins extorquée. Quatre puissances n'ont pas suffi : il y avoit des constitutions de l'empire qui avoient vieilli ; on les a rajeunies et fortifiées de ce que l'on a eu l'audace imbécille de voler à la charte, fruit des bontés et des méditations du Roi légitime : ce n'est pas encore assez, il faut un comité de gouvernement pour faire marcher tous ces rouages mal co-ordonnés, il faut une nouvelle constitution : quel gachis, comme disent les bonnes gens du peuple, si rien ne va malgré tant de salutaires nouveautés ! On peut regarder vers les frontières, là règnent les alliés sincères de la France : ils la dévasteroient s'ils le vouloient ; qu'avez-vous, malgré votre jactance, à leur opposer ? Une juste vengeance les y autoriseroit aux yeux de la morale ; mais, Français, votre Roi vous a mis en paix avec tous les peuples ; si vous en êtes séparés par la guerre, c'est que vous l'avez voulu, le voulez encore. Reprenez votre antique loyauté ; que Dieu ouvre enfin vos yeux à la vérité, votre cœur si long-temps fermé à la reconnoissance, et le Roi, les Bourbons, la paix, les mœurs urbaines ; jadis si célèbres parmi nous, auront bientôt rendu à notre patrie déchirée par nos propres mains, cet éclat et le bonheur qui faisoient envie à l'univers.

Voilà la vraie gloire ; les fils des Gaulois, des Francs et des Romains, qui ne parvinrent jamais à nous subjuguer, n'ont point à craindre de perdre l'ardeur belliqueuse ; si le fléau de la guerre leur est à l'avenir apporté, qu'ils reprennent leur ancienne devise.

Tout pour l'honneur, la foi et le Roi ; avec ce bouclier on est vraiment invincible, et l'on n'a point les yeux souillés par la vue d'un chef quittant ses soldats, ou les abandonnant pour la cinquième fois au glaive ennemi, sans secours préparés pour les blessés, sans laisser des ordres pour la sépulture de ces corps sacrifiés à son abominable frénésie d'ambition, qui gisent étendus sur le théâtre même de leurs exploits.

O mon Dieu, ayez pitié de nous ! délivrez-nous de l'aiglon, dont les serres seroient bientôt ensanglantées par de nouvelles victimes !

L'esprit de parti n'altère pas le jugement parmi les âmes amies des belles actions.

Le général Cambronne, sommé de se rendre par des Anglais, admirateurs de sa valeur, fait une réponse qui auroit étonné la farouche bravoure d'un Spartiate, et meurt laissant son exemple à suivre aux vingt mille hommes, reste de la troupe dont le commandement lui a été confié, comme aux autres officiers, sous le serment de mourir ou de sauver son étendard.

Que ne l'imitoit-il, ce fameux empereur, que n'imitoient-ils le général Cambronne , ses aides-de-camp, qui ne connoissent des camps que leur licence; du moins leur mort eût délivré le Monde de leur présence; elle eût en partie justifié le fol entêtement de leurs partisans qui ne veulent pas distinguer la vaillance de la fureur guerrière.

Toujours est-il certain que Napoléon qui s'intituloit *le Grand*, que ses accompagnateurs s'étant sauvés de *leur personne*, c'est un jugement, c'est un supplice qui est réclamé par eux, par les lois militaires de tous les peuples sauvages ou policés. Et chez nous, nation si valeureuse, on leur répète qu'ils ont bien mérité de la patrie! et des paroles si indignes des Français sont souffertes !

L'on auroit tort de penser que ce soit le dernier acte de *délité* qui révolte mon âme ; non, elle est soulevée depuis long-temps de douleur et d'indignation : j'aurois dû, peut-être étouffer ces cris d'une voix foible qui ne sait pas s'exprimer de manière à réveiller les engourdis, ou à émouvoir les timides ; mais je n'ai pu me taire, mon cœur trop plein a débordé.

Que l'on ne croie pas cependant que cette émotion que je ne puis réprimer, m'aveugle; non, je n'ignore pas que ce ne sont pas les gens de bien qui trempent leurs mains dans le sang des perfides : certes, personne ne rend hommage, plus que je ne le fais, à cette garde parisienne, qui semble n'agir que pour prouver, à force de modération, par quel prince elle se reconnoît plus que jamais commandée. Nous adorons tous la clémence du Roi, son amour pour le bon ordre, et j'espère que la soumission à ses ordres est le frein qui retient la vindicte publique; mais je vous en conjure par vos entrailles de pères, d'époux (1), de frères, d'amis, redoublez de vigilance, ne laissez s'évader aucun criminel, aucun couard; laissez errer en paix leurs misérables prôneurs, ils ne valent pas la boue que vous leur jeteriez au visage.

Je le répète, j'ai peut-être tort de tracer cet écrit; mon excuse est qu'il ne contient que l'expression des sentimens de tout mon sexe, à bien peu d'exceptions près. Ce n'est point quand des scélérats redoutables sont anéantis, qu'il faut élever la voix, implorer contre eux le ciel et la terre; alors il faudroit prier pour eux : mais cela est permis encore lorsqu'ils sont sur des espèces de trône. Je ne suis pas fâchée de montrer qu'une femme n'a pas peur, là où elle a vu s'effrayer trop d'hommes.

Pourquoi, remplie d'amour et de respect envers l'autorité légitime et bienveillante du Roi et de sa famille, ne me moquerois-je pas de la rage imbécille de ces gouvernans qui se débattent dans les convulsions de la crainte devant la justice qui s'avance

____

(1) Bonaparte a fait fusiller à Laon jusqu'à dix femmes.

9 782014 040982